孫佳銘／著

全相式
情緒行為
輔導策略卡

U0070687

推薦序 1

　　常常，在面對有情緒困擾的學生時，我們竭盡心力想要幫助他們，自身卻是無助的，我們總是對不上他們內心世界的那道神秘頻率；往往，我們聚焦處理外在狀況，卻未察覺，自己的內在已深陷其中，默默墜落……

　　全相式情緒行為輔導策略卡由 36 張教育卡與 16 張療育卡組成，匯集作者的專業、經驗與愛力。每張教育卡說明個案可能發生的狀況及其應對策略，並貼心加註對情障生行為的解釋與對輔導者身心狀態的提醒，文意簡潔，充分顯現作者的特教專業背景，以及多年來的實務臨場經驗，而且，還帶著強大的愛力加持其間。尤其令人印象深刻的，是書冊裡，作者為每一張卡的情境，設計一個可供輔導者沉澱的空間，讓輔導者能夠寫下或回想個案的行為問題，並思考此策略介入後的改變。這雖是一般常見的歷程記錄，更是一個內在激勵與轉化的機會，因為接下來的「寫一段話給自己……」，提醒我們將視線轉回自己身上，在混亂情況中與自己對話，哪怕只有幾秒鐘，都是穩定的力量。

　　療育卡提供的，是特教理論與實務之外的可能性。沒錯，

每個孩子都是如此特別，這招不行，我們總得試試其他方法，舉凡接觸大自然、運用多元感官、穴道舒緩、健康飲食、心錨設定、調息訓練、香道、茶道、靜心，甚至調整身體姿勢等，都在作者的全盤考量中。藉由佛學和身心靈療育技法的加入，提供老師家長更多協助孩子，也協助自己的策略選項。因為我們永遠不會知道，這次行得通的方法，下次是否仍然可行；也不會知道，適合這孩子的方法，是否就適合其他孩子。因此，唯有不斷擴充自己口袋裡的工具，才能降低心力交瘁的次數。而這套策略卡，就像是一位不曾放棄的朋友，在我們墜入心靈陷阱而走投無路時，拉高我們的視野，看見其他可能，幫助我們勇敢地探索下一次的生命機會，誰曉得，或許在宇宙的某個十字路口，一個頻道已經待命……。

策略卡設計成「一冊雙卡」，除了為習慣於握書手感的人設計書冊外，也提供喜好隨機抽牌卡的人和宇宙交流訊息的機會。抽卡的瞬間，放下自身掌控力，交付天命啟蒙，那是神來一筆，帶來片刻的內在紓解與靈感。

第一次聽到佳銘提及這套全相式情緒行為輔導策略卡的想法，至今已兩年多，有幸能在這套策略卡從初心到逐漸成形的過程中，扮演著傾聽者的角色。隨著他不斷調整與成長，我也慢慢體認到，這套策略卡是佳銘對自己的承諾，他不僅想要幫助個案，也想要支持個案周遭的人，努力在情障生的孤單、不被了解，以及老師家長的束手無策間，調出一個可以收聽的頻

道，容許原本存在於個別平行世界而無法交錯的頻率，碰撞出美麗的樂聲。誠如最後一張策略卡所寫的心法與祝福，我們必須有愛，愛讓這世界變大，愛讓衝突與無助消融，祝福每一位與此卡相遇的有緣人。

國立高雄師範大學音樂學系副教授

陳希茹

推薦序 2　一套來「還願」的策略卡

去年，佳銘老師告訴我他在撰寫一套「全相式情緒行為輔導策略卡」，此策略卡是想讓老師在輔導情緒障礙學生的過程中，能透過直覺性的抽牌，獲得一些線索和方法以協助穩定學生的情緒狀況。

對於身心靈領域探索多年的自己，非常熟悉如何透過牌卡讓求助者看見困擾問題背後的深層意識和問題的核心點，進而產生不同的洞見與方法面對問題並解決困擾。但是運用直覺式的牌卡提供老師們輔導學生的工具，當時我內心真正的聲音是：這行不通吧！

一年後，我一頁一頁的翻著這套策略卡的初稿，此卡提供的方法和言簡意賅的文字，濃濃的傳遞出佳銘老師全然陪伴情緒行為障礙學生的用心和多年輔導經驗所堆疊的深厚功力。提供相關運用方法和實際案例分享的「教育卡」與提供心靈療育及撫慰人心的「療育卡」，完全符合現代社會的需求。對我來說，這套工具不僅僅適用於情緒行為障礙學生，也完全適用於處於在現今高壓社會的每個人。

那天，與佳銘老師相約在咖啡店，聽他娓娓道來的說出編

製撰寫這套策略卡是來還願的。三年前，他參加心覺醒文教基金會的志工活動，基金會創辦人聖塔達瑪老師在致詞中提到，目前無論在台灣或大陸地區皆有上萬位情緒行為障礙學生，希望有機會創化各種方法協助正在受情緒困擾的靈魂重拾生命的喜悅和寧靜。當時，坐在台下的佳銘老師也默默在心中許下一起完成這樣的心願。但兩天後，聖塔達瑪老師離開人世間，他一方面非常震驚，但一方面也強化了佳銘老師完成這套書卡的原動力。

　　對我而言，這不只是一套教學輔導工具，對這世界更是一份深深的「愛」與「祝福」。

YANA 身心靈療育師

黃芷俞

自序

　　寧靜的校園中，一個班級內的學生尖叫聲交錯著教師怒吼聲，讓整個校園忽然間躁動起來，這樣的情節不時在學校上演，情緒壓力貫穿學生與教師，讓人喘不過氣，一個學校或家庭面臨情緒行為症狀孩子時，通常是精疲力竭與人仰馬翻，而教師、相關輔導人員與家長該如何協助孩子呢？

　　自十年前開始從事情緒行為輔導教育工作，服務的個案涵蓋小學一年級至國中三年級的情緒行為問題學生（注意力不足過動症、自閉症、妥瑞氏症、對立違抗症、情感性問題⋯⋯），在過程中深深感受學校導師、行政人員、輔導教師與家長對於學生表現狀況的無力與沮喪，為協助與學生相關之人員，撰寫編製「全相式情緒行為輔導策略卡」，期盼相關人員能再運用各個策略以減輕教學輔導負擔，也讓學生情緒表現逐漸穩定，專注於學校與家庭的正常生活作息。

　　本套策略卡為「一冊雙卡」，包括書冊 1 本、教育卡 36 張與療育卡 16 張共計 52 個情緒行為輔導策略，在「快速、簡便、易用」原則下，希望使用者在面對學生或孩子時，不至於無所適從，能成為輔導教育時的自我穩定系統工具之一。策略卡是

以「特殊教育理論與實務」為主體，並輔以「佛道身心學」、「神經語言程式學」與「身心靈療育技法」融創編製，在精神內涵上，希冀化繁為簡與從根解結個案各類情緒行為症狀。

策略卡在使用上，是為方便當教師、相關輔導人員與家長於輔導過程中，當束手無策時，可以在第一時間將教育卡 36 張放一疊，療育卡 16 張放一疊，靜下心約一分鐘，並用左手從教育卡抽一張與右手從療育卡抽一張，觀察抽出的兩個策略內容是否能運用於改善學生狀況，暫時省下翻閱書籍或網路搜尋的時間，而書冊紀錄表也可以筆述整個策略運用的歷程，對於使用者可以累積經驗與增進自我覺察能力。教育卡策略是以相關教育理論與方式撰寫，療育卡策略則以身心靈療育概念撰寫，希望可以透過教育卡外在制約形塑與療育卡內在身心和諧的交互運用，讓教師、輔導者或家長有更多處遇方式幫助孩子。

在傳統教育的薰陶下，昔日筆者教學輔導總是過度專注在「教法」上，久而常之，好似失去了教學靈魂感，為教而教，近年研讀心理學、人類意識科學與中西醫精神診治療法，體悟「心法」的重要性，面臨日漸增多的情緒行為問題學生，希望將這套教法與心法合一的策略卡分享給相關教育輔導工作者與家長。

目　錄

教育卡

A-1 教導替代行為

當個案不斷出現相同重複性行為問題時，輔導者可以運用與此問題行為高相關的另一行為，予以替代。

Ex.當個案會有尖叫問題時，可以教導個案唱歌、朗誦或數數等方法逐漸替代尖叫行為。

Ps.尖叫只是外顯行為，通常表示個案情緒能量已達邊界線，需要抒發。

1. 個案／學生／孩子 行為問題描述

2. 此策略介入後之歷程記錄

3. 寫一段話給自己或個案／學生／孩子

A-2 增加情境提示

個案通常會固著一定的生活、表情或行為模式,輔導者可使用圖案或文字,提示個案趨於輔導者想要達成的目標行為。

Ex.當想改善個案上課專心問題時,輔導者可自製圖卡(與提升專心有關),預先提醒個案需專注。

Ps.增加提示原因是個案需要外在顯眼的物質使其回神聚焦在學習目標上。

1. 個案／學生／孩子　行為問題描述

2. 此策略介入後之歷程記錄

3. 寫一段話給自己或個案／學生／孩子

A-3 積極正向教室管理策略

個案的情緒行為問題，是肇因於內心已充滿負面的感覺或想法，如果輔導者的方式是以嚴厲嚴謹怒罵的方式，個案的情緒會更加不穩定。

Ex.個案情緒躁動，上下課時間不遵守課室規定，影響教師與同儕，輔導者毋須跟隨個案情緒波動，語氣與指令需依舊維持平和狀態。

Ps.正向管理方式是為平衡個案內在負向情緒的能量，外在的氛圍能消融內在的不穩定。

1. 個案／學生／孩子 行為問題描述

2. 此策略介入後之歷程記錄

3. 寫一段話給自己或個案／學生／孩子

A-4 生氣控制訓練

當個案已處於生氣憤怒狀態，輔導者可以運用一些方法轉移個案的注意力，盡量不要說：「你不可以生氣」，可以改變說：「我知道你現在很生氣，但你可以先看著老師的眼睛嗎？」

Ex.個案生氣憤怒時，全身神經會處於緊繃攻擊狀態，輔導者可運用方法把個案專注力拉出身體之外，怒氣會漸消。

Ps.個案生氣狀態是代表全身能量往頭上跑，輔導者也可以握住個案的手，使其感受溫暖關懷感覺。

1. 個案／學生／孩子 行為問題描述

2. 此策略介入後之歷程記錄

3. 寫一段話給自己或個案／學生／孩子

A-5 樹立學習楷模

情緒行為問題的個案，通常都是很自我的，他們比較無法將注意力放在其他同儕是如何學習，他們被情緒能量羈絆，建議輔導者在班上找一位適合的學習楷模，讓個案願意模仿學習，習得恰當的課室行為。

Ex.筆者在教學經驗中曾經有一位自閉症學生，不與同儕互動，後來在他在班上找到一位好朋友，個案因此被這位朋友影響，開始與其他同學互動。

Ps.一個實體化的學習楷模，可以使個案聚焦了解自己該如何做。

1. 個案／學生／孩子 行為問題描述

2. 此策略介入後之歷程記錄

3. 寫一段話給自己或個案／學生／孩子

A-6 把握時機，適時獎勵

輔導者如需獎勵個案，平常多觀察個案行為模式，個案看似令人生氣無奈的問題行為，輔導者須耐心觀察出一些線索，並把握時機，獎勵個案，讓這個獎勵行為效益極大化。

Ex.個案通常需要被獎勵，筆者有一位學生，校園學習生活大都是被否定，導致個案情緒常處於心理防衛狀態，給予適時獎勵與成就感後，個案會變得比較喜悅。

Ps.獎勵過程是讓個案產生正向情緒神經迴路，輔導者可善用。

1. 個案／學生／孩子 行為問題描述

2. 此策略介入後之歷程記錄

3. 寫一段話給自己或個案／學生／孩子

A-7 同儕小老師

當在大班級中，教師的班級經營或課室管理，可能因為一位情緒行為問題學生的擾亂，而疲累不堪，如果能指定 1 到 3 位高穩定的學生陪伴與帶領，可減輕教師壓力。

Ex.個案在大班級中，注意力會全部放在教師身上，同樣的，個案也會將其喜怒哀樂等情緒往教師身上投放，安排小老師，可讓個案注意力稍微轉向，以建立情緒緩衝調節器。

Ps.在挑選小老師時，務必以成熟度較高的學生為主，並給予事前訓練，制定陪伴規則。

1. 個案／學生／孩子 行為問題描述

2. 此策略介入後之歷程記錄

3. 寫一段話給自己或個案／學生／孩子

A-8 功能性分析（前事-行為-後果）

個案發生行為問題時，大部分教師都會先予以制止，此時，也許行為問題會立即消失，但可能過不久，同樣的行為問會再度出現，功能性分析可以協助教師從因相解決問題。

Ex.筆者曾輔導一位個案，每天早上第一節課，個案總是亂發脾氣，導師覺得很納悶，後經筆者進行功能性分析，方了解個案在上學前會為了挑選穿何雙鞋子與吃何種類早餐，而讓自己心情煩躁，亂發脾氣是行為，真正的原因是選擇困難症候群。

Ps.行為問題的背後都藏著一連串的隱性因素，輔導者須用耐心與細心進行剖析。

1.個案／學生／孩子 行為問題描述

2.此策略介入後之歷程記錄

3.寫一段話給自己或個案／學生／孩子

A-9 消弱

個案有時要引起教師注意力，會故意讓行為問題發生，此時老師如果特別關注他，個案心理會獲得滿足，而重複行為問題，教師可以暫時忽略個案，消弱個案滿足感。

Ex.個案喜歡不斷在課堂中舉手想表達自己的意見與想法，教師可以先跟個案約定每堂課只能舉手三次，超過三次後，教師可以忽略個案的請求，繼續自己的教學進度。

Ps.個案有時是很聰明與擅於察言觀色，輔導者必須建立自己的原則，讓個案了解自己的界限。

1. 個案／學生／孩子 行為問題描述

2. 此策略介入後之歷程記錄

3. 寫一段話給自己或個案／學生／孩子

B-1 緊急狀況 SOP

情緒行為問題學生的狀況有時是很瞬息萬變的，教師與行政單位可以先擬定緊急處置的流程，並經由各校特教推行委員會開會通過，更具行政效力。

Ex.筆者曾遇到輔導的個案在上體育課時因與同學彼此有爭執，個案情緒失控，拿出美工刀要傷害同學，其他同學見狀非常恐懼，後與學校主任合作處理才化解危機，如校方能事先有 SOP 流程，相信在處置上將更有效率與安全性。

Ps.教師與校方行政人員在面對情緒行為問題個案多元狀況，能事先準備，可避免慌亂。

1. 個案／學生／孩子 行為問題描述

2. 此策略介入後之歷程記錄

3. 寫一段話給自己或個案／學生／孩子

B-2 結構化（教學／作息／環境）

通常個案的情緒與思緒是躁亂的，輔導者可以透過外在的制約，使個案習慣與了解下一個生活／學習任務為何，當順序／步驟／環境是個案可預期的，個案比較能維持情緒穩定性。

Ex.輔導者可以針對個案，配合班級課表／規定／作息另外製作一份屬於個案的結構化契約式表格，以期讓個案每天能習慣制約模式。

Ps.結構化教學對於特教學生是非常有效果的模式，如能推展到個案每一個生活面向，對於時常處於紛亂情緒感受中增加一份穩定感。

1. 個案／學生／孩子 行為問題描述

2. 此策略介入後之歷程記錄

3. 寫一段話給自己或個案／學生／孩子

B-3 冷靜區 VS 發洩區

個案在情緒失控時，通常輔導者無法立即冷卻個案高亢的情緒，在班級內可以用貼紙或呼拉圈圍成一塊區域，讓個案可以在限定區域內冷靜與發洩，保護其安全。

Ex.曾經有一個學校校長，將冷靜區設在保健室，因為個案情緒失控會在走廊與操場狂跑狂叫，為讓個案受到周全照護，校長便指定校護協助，後來學生只要快失控時，會自己主動到保健室尋求幫忙。

Ps.一味壓抑個案情緒負能量，是為下一次爆發累積更大能量，適當發洩可以緩和之後的狀況。

1. 個案／學生／孩子 行為問題描述

2. 此策略介入後之歷程記錄

3. 寫一段話給自己或個案／學生／孩子

B-4 自我正面提示卡

個案在每天的學校生活中，會發生讓自己不開心的事，他們的情緒敏感度總是比別人強烈，輔導者可以製作一些正面的字句或圖畫，如：我是溫和的學生、我可以安靜下來，等正向字句，讓個案可以提醒自己。

Ex.輔導者可以印製一些大自然景象或一些個案喜歡的卡通人物圖像，製作成一本圖卡，平常可以先讓個案建立喜悅的心情連結，個案的潛意識往後看到這圖卡，會產生愉悅情緒。

Ps.訓練個案自己使用正面提示卡，增強自我覺察與監控情緒，進而轉換情緒的能力。

1. 個案／學生／孩子 行為問題描述

2. 此策略介入後之歷程記錄

3. 寫一段話給自己或個案／學生／孩子

B-5 善用學習興趣

個案對於自己有興趣的學習內容，通常會表現專注力與認真聆聽的態度，輔導者可以透過平常的細膩觀察，了解學生不同層面的興趣點，藉以引發學生更大的學習動機。

Ex.筆者曾經輔導一位個案，對於情緒課程學習時常顯露不耐煩，爾後了解個案對於二次大戰中的戰車種類有興趣，便在進入正式課程前先與其討論各類型戰車優缺點，個案心情愉悅後，再引導至學習內容，更具好效果。

Ps.有興趣的學習會刺激大腦神經分泌有關喜樂與專注的正面情緒分子，輔導者可多善用。

1. 個案／學生／孩子 行為問題描述

2. 此策略介入後之歷程記錄

3. 寫一段話給自己或個案／學生／孩子

B-6 動靜態課程活動交替

一般的課室教學，大部分是靜態式學科學習，情緒躁動的個案在一堂課中，要完全坐在位置上，他可能會用其他方式釋放躁動能量，教師可以每堂課利用 5－10 分鐘，做動態式的課程轉換，讓個案可以舒緩他的情緒。

Ex.筆者輔導個案時，通常第一堂課的前十分鐘，會讓個案做一些簡單肢體動作，個案注意力會放在四肢的律動與平衡，暫時減緩大腦的思緒混亂，使情緒也平和下來。

Ps.有效力的動靜態課程活動的轉換，可以間接訓練學生，動靜皆宜的心境適應力。

1.個案／學生／孩子 行為問題描述

2.此策略介入後之歷程記錄

3.寫一段話給自己或個案／學生／孩子

B-7 舞台表現

對於個案好動的狀況，教師可以使用這個策略，讓個案到講台上，發揮自己的特長，唱歌、演講、跳舞、朗讀，講故事皆可，讓個案滿足一下被肯定的氣氛。

Ex.筆者曾輔導一位個案，為選擇性緘默症，為訓練個案克服焦慮與恐懼的身心理反應，在空教室中，引導個案在講台上朗讀文章，每完成這樣的學習任務後，給予大聲鼓掌歡呼，建立正向舞台表現的回饋機制。

Ps.大部分的學生都希望被教師與同儕關注肯定，舞台表現可以引動學生更積極正面的言行舉止。

1. 個案／學生／孩子 行為問題描述

2. 此策略介入後之歷程記錄

3. 寫一段話給自己或個案／學生／孩子

B-8 空椅法

當個案跟其他人發生衝突後,內在充滿不滿,或是對於另一方還有許多情緒尚未抒發,輔導者可用空椅法,讓空椅代表對方,引導個案面對空椅講出自己的情緒與感受,甚亦可以讓個案與空椅先進行和解,避免下一次的危機。

Ex.個案就讀國三,為亞斯伯格,暗戀一位女同學,造成自己整天的情緒不穩定,準備一個坐墊,代表女同學,引導個案對著坐墊,說出平常隱藏的話語,釋放累積壓抑的情緒。

Ps.空椅法的使用,是完形治療層面,針對個案心中尚未了結的事件與情感區塊,進行內在修復。

1. 個案／學生／孩子 行為問題描述

2. 此策略介入後之歷程記錄

3. 寫一段話給自己或個案／學生／孩子

B-9 文章書寫

引導個案進行文章書/抄寫，亦是讓個案轉移情緒不穩定的注意力，當個案越專注於書寫狀態，散發出來的氣質也會隨之改變，而文章長度不宜過多，長久的訓練將讓個案學習到書寫也是情緒流動的方法。

Ex.筆者教導個案認知型情緒故事/文章後，大都會要求學生寫下文章重點，學生在書寫過程中大都能專心於學習任務上，情緒自然穩定。

Ps.文章書寫類似書法練習，從鍛鍊內在專注力進而轉化外在情緒的展現。

1. 個案／學生／孩子 行為問題描述

2. 此策略介入後之歷程記錄

3. 寫一段話給自己或個案／學生／孩子

C-1 大聲喊叫或文章朗讀

當個案的負面情緒堆積至一定狀態時是需要抒發的管道，透過發聲與讀唸來讓情緒能量排出體外，等待個案釋放完畢後，教學者再進行適當情感安撫，個案反而比較能將教師的話語聽進心中。

Ex.筆者曾面對一位情緒失控的一年級學生，將很重的鞋櫃推倒在地後，帶其至比較不影響其他同學的教室，引導其大叫發聲不斷說：「我好生氣」，約五分鐘後，個案便平靜下來。

Ps.透過聲音讓情緒流動，個案亦能「聽到」自己的狀態，更了解自己。

1. 個案／學生／孩子 行為問題描述

2. 此策略介入後之歷程記錄

3. 寫一段話給自己或個案／學生／孩子

C-2 微笑訓練

當一個人在微笑時，大腦會釋放穩定情緒的激素，而微笑也會讓臉部細部肌肉拉動與放鬆，教學者在面對個案較為緊繃的情緒狀態時，試著引導個案微笑，也可以快速轉移個案的負面情緒能量。

Ex.筆者曾輔導一位選擇性緘語症個案，他總是呈現一號表情，臉部肌肉僵硬，情感表達缺乏，上課時會透過講笑話方式，讓其自然而然笑出來，經過幾次上課後，個案臉部表情變多，有時也會表現偷笑的表情。

Ps.笑會改變大腦負面情感神經迴路，經常微笑，也是一種社會技巧學習。

1. 個案／學生／孩子 行為問題描述

2. 此策略介入後之歷程記錄

3. 寫一段話給自己或個案／學生／孩子

C-3 深呼吸練習

深呼吸可為腹式呼吸，當個案情緒不穩定或焦亢狀態時，我們可以觀察他們的呼吸較淺與急促，吸換氣大都是胸口起伏，腹式呼吸可以活躍副交感神經，全身放鬆，思緒平和，情緒亦趨穩定。

Ex.筆者在教導個案深呼吸的經驗中，建議老師可以搭配輕音樂背景，慢慢循序漸進聽覺式引導，學生吸收效果較好，通常高年級學生會比低年級學習反應佳。

Ps.呼吸的深淺與頻率，與情緒表現息息相關，呼吸越深越慢，情緒波動會較小。

1. 個案／學生／孩子　行為問題描述

2. 此策略介入後之歷程記錄

3. 寫一段話給自己或個案／學生／孩子

C-4 暫時離開爭執／衝突現場

當個案情緒失控，理智狀態不佳，個案所針對不滿的對象（包含輔導者），可能情緒也會被擾動，建議可以暫時離開現場，降低情緒刺激因子，讓彼此冷靜，當時間點合適時，再重新介入教育輔導。

Ex.筆者在教學經驗中，曾遇到一位學生情緒失控，不斷臭罵老師，當下告訴學生，老師要上洗手間，並請個案冷靜，大約過 10 分鐘，再回到教室，學生主動跟筆者認錯，從這一次爭執後，師生默契反而更好。

Ps.當輔導者覺察到自己的情緒被擾動時，應改變輔導方式，暫時跟個案保持距離，是保護彼此的方式。

1.個案／學生／孩子 行為問題描述

2.此策略介入後之歷程記錄

3.寫一段話給自己或個案／學生／孩子

C-5 遊戲式課程安排

大部分的個案，如果是用嚴謹教條式課程，一開始可能會由於教師要求而正襟危坐，但過一段時間，內在過動的因子會開始運作，此時教師可以轉換教學為遊戲模式，讓個案覺得有趣又能專注。

Ex.筆者會使用情緒卡教具教導個案認識與辨別情緒，在過程中會用遊戲競賽方式，引動個案想贏老師的動機，通常學生會變得很專注。

Ps.遊戲是一種放鬆有趣而又能保持專注力的學習好方法，而其規則，輔導者必須事前界定清楚。

1. 個案／學生／孩子 行為問題描述

2. 此策略介入後之歷程記錄

3. 寫一段話給自己或個案／學生／孩子

C-6 座位安排

個案在班級的上課位置，攸關教師班級經營的順暢度，一般而言，ADHD 的個案盡量安排在靠講台中間地方，因為教師可以隨時觀察學生注意力，如突發性的過動／衝動行為問題，教師可立即處理，另外其周圍也安排情緒穩定度高的學生，就近幫助個案。

Ex.曾經有教師安排個案在靠教室門口位置，班上個案情緒不穩時，會直接往教室外面衝，教師來不及攔阻，個案跑到操場大吼大叫，影響其他班級上課，改變位置後，加上其他策略，該行為問題逐漸改善。

Ps.座位的安排是讓個案學習「處環境」能力，也讓個案注意力能長時間維持在講台上。

1. 個案／學生／孩子 行為問題描述

2. 此策略介入後之歷程記錄

3. 寫一段話給自己或個案／學生／孩子

C-7 多媒體教材

多重感官教學法對於引起個案的學習動機是很有幫助的，而教師如能設計或安排多媒體教學內容，個案的興趣度與專注力自然提升，如讓個案親自體驗手眼操作，學習內容記憶深度將更為顯著。

Ex.當筆者進行多媒體故事或繪本教學時，個案的眼神會專注在電腦螢幕上，如果再下指令讓個案親手操作頁面，個案的閱讀理解與回饋會更精確。

Ps.當個案的感官注意力能聚焦在教材內容時，情緒化與過動行為相對減少。

1. 個案／學生／孩子 行為問題描述

2. 此策略介入後之歷程記錄

3. 寫一段話給自己或個案／學生／孩子

C-8 身體律動

身體或四肢的擺動，可以訓練個案大小肌肉群與相關神經反應，進入比較放鬆、柔和與舒緩的狀態，當個案遇到情緒事件刺激源時，肌肉的緊繃與神經的高亢性，比較不容易瞬間失控。

Ex.每一節輔導課的開始前十分鐘，會與個案先玩肢體小遊戲或帶簡易健身操，可以透過動作指令，讓個案無形中保持專注，再進入認知課程的學習，個案雜亂思緒會減少。

Ps.身體律動的深淺強度可以疏通情緒能量結，如能稍微出一點汗，是一種情緒排毒法。

1.個案／學生／孩子 行為問題描述

2.此策略介入後之歷程記錄

3.寫一段話給自己或個案／學生／孩子

C-9 音樂體驗

音樂高低起伏對於人類情緒與情感能產生極大的共鳴力，輔導者可以準備正向、喜悅與柔靜的音樂歌曲，引導個案左右耳朵輪替注意聆聽，在優雅的樂聲中，間接培養個案聽覺鑑賞能力。

Ex.筆者曾經教導一位不擅於表達內在想法與情緒的個案，老師問一個問題，經過一段時間，個案依舊沉默，後來準備比較柔和抒情的音樂，個案會在渲染下，表達自我。

Ps.優美樂聲的音頻、音調與音質，是一種很自然的情緒調節器，聲波的共振可以直接讓躁動的狀態穩定下來。

1. 個案／學生／孩子 行為問題描述

2. 此策略介入後之歷程記錄

3. 寫一段話給自己或個案／學生／孩子

D-1 焦點句式提醒

通常情緒不穩定的個案，代表其思緒是較為混亂，如果輔導者的教學指令或要求，太多或太長，個案可能會有無所適從的狀況發生，甚至因此內在更困擾，因為他們進入選擇困難思維模式，建議輔導者的指令必須精準聚焦在當下的行為問題。

Ex.筆者對於思緒雜亂的學生，一堂課中通常只會有三個提醒，語句明確且簡潔，並要求個案覆誦或手寫一遍。

Ps.簡單而具體的規則提示（如：廣告台詞），可以讓個案快速聚焦並長時間儲存在記憶中。

1.個案／學生／孩子 行為問題描述

2.此策略介入後之歷程記錄

3.寫一段話給自己或個案／學生／孩子

D-2 情感同理、價值中立

有些教師是屬於情感與情緒高敏感型，對於學生或其家長負面狀態的語言或行為，會無形中影響到自己，就情感上輔導者可以同理心相待，但在專業價值上應保持中立，能更客觀有效解決個案的行為問題。

Ex.筆者曾有一位個案，思想與價值觀非常負面，批判他人的語言頗具傷害力，母親個性亦是如此，了解其原生家庭，家庭事件創傷是主因，內心難過同理，但還是要保持中立給予心理支持建議。

Ps.理性與感性的自我覺察與轉換，對於輔導者是非常重要的課題，需要了解自己的情感與心理界線。

1. 個案／學生／孩子 行為問題描述

2. 此策略介入後之歷程記錄

3. 寫一段話給自己或個案／學生／孩子

D-3 自我競爭

情緒困擾的學生，通常很容易受到外在人事物的影響，一點點的不如己意或比較心，可能都會掀起情緒風暴，自我競爭可以讓學生將注意力放回自己身上，也學習自我突破的方法。

Ex.筆者會幫學生設計增強表，表現進步或能夠將負面感受轉換成正向思考，便會讓學生自己蓋增強章，這時候學生臉上都會流露滿滿自我榮譽感成就感，也增加其自我監控能力。

Ps.培養學生為自己努力與奮鬥的習慣，不受他人干擾時，他們的心緒是穩定的。

1. 個案／學生／孩子 行為問題描述

2. 此策略介入後之歷程記錄

3. 寫一段話給自己或個案／學生／孩子

D-4 學習合作

大部分普通學生都不喜歡跟情緒困擾的個案同組學習或共同完成一項工作任務，因為過程中他們有極高機率會一言不合，情緒對抗，導致兩敗俱傷，一次次的不順遂，個案可能因此被孤立，老師在安排合作課題時，可以安排高穩定的同學協助，創造成功經驗。

Ex.筆者有時會讓個案邀請他最討厭的同學來一起上課，設計相關活動讓他們必須一起完成，過程中從一開始互看不順眼到無奈合作，最後欣喜完成，心理歷程的正向堆疊，開創更多可能性。

Ps.培養合作精神是處人與處環境的社會技巧基本能力，個案才不會因為情緒問題而被同儕排斥。

1. 個案／學生／孩子 行為問題描述

2. 此策略介入後之歷程記錄

3. 寫一段話給自己或個案／學生／孩子

D-5 親師溝通

家長面對自己孩子的情緒狀態，通常是充滿無力與焦躁，
教師必須協助家長對於孩子狀況有更專業與深入的正確認
知，親師之間的正向溝通與協定，讓學生無論在學校與家
庭都能有一致性的規範約束。

Ex.藥物服用與學習類化至家庭生活中，都是親師可討論的
議題，除此之外，教師可能是家長於專業醫師之外最信賴
的人，彼此之間的良好默契是學生情緒穩定的養份。

Ps.家長與教師，兩者「愛的溫度」與「專業高度」配合後，
個案自然會往期待目標前進。

1.個案／學生／孩子　行為問題描述

2.此策略介入後之歷程記錄

3.寫一段話給自己或個案／學生／孩子

D-6 專注力練習

專注力的維持一向是情緒生所缺乏，他們時常在老師進行教學時，內心的思緒可能已飄到別的事物上，令它們分心的可能只是窗外的一片白雲或聲響，老師必須時刻叮嚀，讓學生的專注力回到當下。

Ex.筆者在訓練專注力大概有以下幾種方法，包含：迷宮遊戲（手眼協調與挑戰性能激發個案潛能）、心語對話（請個案閉上眼睛，用「心與耳」與老師談話，注意力比較不會被外在事物影響）、定眼觀察（請個案先安靜觀看一幅圖畫約 3 分鐘後描述圖畫特點，再安靜 3 分鐘觀看後再描述一次，重複幾次後也可以訓練個案耐心）。

Ps.專注力的訓練，老師可以創化各種方法，透過一次次的堆疊訓練，個案的注意力可以慢慢拉長。

1. 個案／學生／孩子 行為問題描述

2. 此策略介入後之歷程記錄

3. 寫一段話給自己或個案／學生／孩子

D-7 鬆握拳練習

個案的複雜情緒變化時常會讓輔導者感到挫折，尤其在情緒僵化的當下，師生關係的緊繃與衝突是很難避免的，鬆握拳練習可以緩解高張情緒，教師在處理行為問題前，可以先教個案做這個練習。

Ex.筆者在引導個案鬆握拳練習時，會先下指令讓個案把注意力放在拳頭上，左手用力握緊 9 秒後鬆開，換右手握緊 9 秒再鬆開，左右交替若干次後，再引導全身放鬆練習，使個案的情緒能量能轉移與釋放。

Ps.過多的情緒能量擠壓，會使學生越來越悶或躁動，透過一緊一鬆的練習，讓末梢神經系統與血液循環幫助情緒紓壓。

1. 個案／學生／孩子 行為問題描述

2. 此策略介入後之歷程記錄

3. 寫一段話給自己或個案／學生／孩子

D-8 畫圖

畫圖是一項可以穩定個案情緒的好選擇,透過專注與創造力的大腦運思歷程,最後圖畫完成後的成就感都可以激發正向回饋機制,輔導者也可以觀察個案的圖畫,深入理解個案的內心世界。

Ex.筆者曾輔導一位亞斯症狀的學生,對於學科的學習是低成就,但藉由畫圖展現他的優勢能力,無論使用蠟筆、色鉛筆與彩色筆,他都可以運用自如,即使用小畫家繪圖軟體,也可以創造美麗的圖騰,情緒表現也日漸佳境。

Ps.學習音樂的孩子不會變壞,相對的,喜愛畫圖的孩子,因為內在世界有了抒發的管道,情感與情緒將更為穩定。

1. 個案／學生／孩子 行為問題描述

2. 此策略介入後之歷程記錄

3. 寫一段話給自己或個案／學生／孩子

D-9 腳掌黏地訓練

這個訓練方法，輔導者可以在地板上貼兩個腳掌的圖案，再請學生將自己的腳掌放在上面，讓自己的腳掌與地板腳掌感覺好像黏在一起，時間長短可以由老師自由控制，這是一個訓練孩子把注意力「拉回」的方式。

Ex.通常筆者在執行這個訓練時，會先引導個案全身肌肉放鬆，並把身上的重心都放在腳掌上，也會請個案膝蓋微彎，保持平衡，通常高年級的孩子可以維持的時間較久，效果亦較好。

Ps.這個訓練主要是讓個案將注意力放在腳底，以舒緩情緒紊亂時　，大腦神經能量過度激化的身心狀態。

1.個案／學生／孩子　行為問題描述

2.此策略介入後之歷程記錄

3.寫一段話給自己或個案／學生／孩子

療育卡

E-1 調整身體姿勢

（一）身體姿勢的和諧與平衡與情緒穩定亦有相關性，我們可以略將身體分為四個部分，左半身、右半身、上半身與下半身，輔導者可以觀察個案哪一部分是比較緊繃或姿態與他人迴異，並進行調整。

（二）調整方式可以先引導個案進行全身放鬆練習，從頭部、肩膀、胸腔、腹腔、臀部、大腿、小腿與腳底逐漸放鬆，接下來請個案以「立正」姿勢站好約五分鐘，每周訓練三次，讓個案習慣用優雅的站姿以展現良好體態，並觀察其情緒變化。

1. 個案／學生／孩子 行為問題描述

2. 此策略介入後之歷程記錄

3. 寫一段話給自己或個案／學生／孩子

E-2 調和心性狀態

（一）在佛學的教法中，一個人的情緒與心性有緊密相關性，心性的基模是情緒變化的原型，所以「調和柔其心」，更是解決情緒困擾行為問題的前行功夫，輔導者觀察個案的心性狀態，更能從根解結負向情緒與行為。

（二）調和心性可以運用簡單的靜心，和緩的語氣引導個案閉上眼睛，使其安靜的坐在位置上幾分鐘；或使用音波共振療癒，簡單樂器敲擊出柔和的聲調，也可以播放幾首與「水元素」高連結的旋律音樂，相信個案的心性在這樣的「寧靜」與「音藥」中能有正向轉化。

1. 個案／學生／孩子 行為問題描述

2. 此策略介入後之歷程記錄

3. 寫一段話給自己或個案／學生／孩子

E-3 調順呼吸氣息

（一）古人曾以「氣定神閒」，形容一個人的身心情緒狀態，如何讓躁動的孩子轉變成優雅的存在，一吐與一吸之間的流暢穩定是決定性的因素。

（二）小太陽呼吸法：輔導者以輕緩語氣，請個案閉上眼睛想像在肚臍下方腹部內有一個小小太陽，吸氣時，感覺把所有曾被肯定讚美稱許的美好感受吸進小太陽內，吐氣時，把這樣的正向能量，吐進身體內所有的每一部位（肌肉、神經與細胞），在引導過程中，語速盡量放慢，練習九次後，再慢慢蠕動身體，張開眼睛。

1. 個案／學生／孩子 行為問題描述

2. 此策略介入後之歷程記錄

3. 寫一段話給自己或個案／學生／孩子

E-4 腦波調頻

（一）腦波依其頻率分為 β 波（Bata）、α 波（Alpha）、θ 波（Theta）和 δ 波（Delta），這些波頻意識的組合與變化，將影響學生的內外在的行為、情緒及學習的展現。通常情緒與思緒較混亂的個案，腦波是處於 β 波，也比較無法接收外在學習訊號。

（二）由於無法有科學儀器時時監測腦波，但輔導者可藉由觀察個案的說話速度、行為動作是否有順序感、眼神專注度等面向，予以衡量。輔導者運用說話速度漸緩，驅使個案「慢下來、靜下來」，便是一種換頻方式，此時再跟個案交待學習任務或規則，是更有效用的。

1. 個案／學生／孩子 行為問題描述

2. 此策略介入後之歷程記錄

3. 寫一段話給自己或個案／學生／孩子

E-5 身心能量溫度計

（一）當情緒是肯定、信任、樂觀與放鬆時，身心能量的顯現是滿足與幸福；相反的，當情緒是責怪、焦慮與藐視，身心能量則為憂慮且焦躁不安，雖然無法如溫度計有量化刻度，但輔導者可以細心觀察個案的臉部表情、氣色與緊繃度，推估個案的身心能量溫度。

（二）當個案的身心能量溫度負向時，輔導者一句簡單的真誠關懷問候或一個拍拍肩膀的鼓勵動作，讓個案感受「愛與溫暖」，便是調節個案身心能量溫度的好方法，筆者也常用握手與擊掌，以傳遞滿滿的正向力量。

1. 個案／學生／孩子 行為問題描述

2. 此策略介入後之歷程記錄

3. 寫一段話給自己或個案／學生／孩子

E-6 身心訊息場

（一）當我們接近一個人時，大抵可以感受對方的生命狀態與價值觀，而這就是一個人所散發的訊息場，訊息場可分三個層次：「身體」、「情緒體」與「思想體」，三個層次與情緒情感皆會產生相關連結，並交互影響。

（二）身為一個輔導者，前行工作可以先了解個案三層體的狀態，透過觀察、晤談或作業書寫內容等方式，靜心思維和理解個案的內在世界，而毋須急於處理外在行為問題與症狀，能覺察細微的身心訊息場變化，更能事半功倍輔導個案回歸內在的和諧與平衡。

1. 個案／學生／孩子 行為問題描述

2. 此策略介入後之歷程記錄

3. 寫一段話給自己或個案／學生／孩子

E-7 戲劇表演

（一）對於專注力不足、自我意識強烈和個性固執的個案，輔導者可以透過安排戲劇表演與設計具教育性質橋段，讓個案藉由不同角色扮演，暫時抽離固有認知行為邊界，在演出中學習不同的正面情緒與情感表達方式，並類化到現實生活中。

（二）在表演歷程練習中，輔導者可以加入「舞蹈」與「音樂」元素。手舞足蹈可以激發孩子快樂的生命因子並釋放長期累積的情緒壓力；另孩子在音樂的引導下，除訓練聽覺專注力，也可以更自在與柔和的展演自己，當表演完後贏得掌聲鼓勵時，自信心與成就感皆是正向回饋情緒感受。

1. 個案／學生／孩子 行為問題描述

2. 此策略介入後之歷程記錄

3. 寫一段話給自己或個案／學生／孩子

E-8 香道與茶道

（一）嗅味覺系統與大腦神經情緒穩定性有密切連結，情緒躁動有時是因為個案過度敏感與敏銳的關係，透過香道與茶道的學習，除可讓身心品嚐寧靜悠然的精神饗宴，也增加體內交感與副交感神經協調運作的彈性。

（二）香的使用必須謹慎挑選，添加化學原料的香對於身體是有不良影響，可以選擇優質的天然香或藥香，效果較好；茶的品質優劣篩選是茶道學習重要一環，物質性的「香茶」加入心靈性的「靜慢」，「人品質感」自然提升。

1.個案／學生／孩子 行為問題描述

2.此策略介入後之歷程記錄

3.寫一段話給自己或個案／學生／孩子

F-1 細胞神經元鏈結重塑

（一）生命中曾經歷重大事件的情緒能量，會隱藏在人體的 DNA 與細胞中，「一朝被蛇咬，十年怕草繩」，當再次體驗類似負面情境時，心理防衛機制自然啟動，情緒因此又被觸發，可以藉由細胞記憶重塑，釋放負向心結。

（二）輔導者可以請個案重述曾經歷的負面事件與情緒歷程，覺察個案身心變化，也許是生氣、哀傷、憤恨與冷漠，輔導者在過程中必須不斷散發放鬆、溫暖、關懷與愛等語句，創造溫馨的氛圍情境，使個案在自我揭露過往時，細胞亦同時接收正能量，修復與重塑細胞神經元。

1.個案／學生／孩子 行為問題描述

2.此策略介入後之歷程記錄

3.寫一段話給自己或個案／學生／孩子

F-2 心錨設定

（一）面對情緒狀態多變的個案，輔導者應盡量維持自己內在狀態的穩定性，不讓自己心思情緒被個案拉著跑，心錨設定的威力與效用取決於輔導者是否能適時、適地與適宜的運用。

（二）筆者曾經運用心錨設定調整兩位一直互相怨恨、討厭、甚至言語肢體衝突的學生心理狀態，於引導時允許雙方先說彼此缺點各三分鐘，再請雙方說出對方讓自己討厭的行為三分鐘，接下來互相說出彼此的優點並讚美對方，兩方的情緒與情感從爭鋒相對轉變為平靜悅然，此時請兩位互相擁抱，並說出「我們是好同學」三次，擁抱便是心錨設定，下一次當他們衝突時請他們先擁抱，心中自然會升起「我們是好同學」的念頭，先降低彼此敵意，再進入行為輔導。

1. 個案／學生／孩子 行為問題描述

2. 此策略介入後之歷程記錄

3. 寫一段話給自己或個案／學生／孩子

F-3 思緒截流法

（一）思緒截流法可以應用在想法固執或有強迫行為的個案，通常固執的念頭與行為會一再重複，是因為腦內神經傳導物質不平衡，導致「不斷確認」的狀況發生，個案本身也是被下意識影響而無法節制該念頭與行為。

（二）輔導者觀察個案有此狀態時，可以試著請個案先安靜下來，當個案又要重複時，跟他說「請你專心先用左耳朵聽我說」，接下來「請個案用嘴巴說出「放下」的聲音三次並讓肩膀放鬆」、最後「請個案甩甩雙手並吐氣」，輔導者可以引導個案作三個循環，再讓個案去說他想說或想做的行為，操作一段時間後，觀察個案的固執性與重複性頻率是否減少。

1.個案／學生／孩子 行為問題描述

2.此策略介入後之歷程記錄

3.寫一段話給自己或個案／學生／孩子

F-4 健康飲食

（一）對於過動症狀明顯的個案，必須注重生活中的飲食內容，由於現代食品充斥代糖、化學混合物與天然度含量低的酵素，這些都讓敏感孩子的腸胃過度耗用，腸胃不適會造成情緒煩躁，透過健康飲食，逐步走出亞健康。

（二）咖啡、巧克力、碳酸飲料與油炸食物務必讓孩子減少食用，以降低刺激過動神經因子，古人將食物區分為溫、熱、寒、涼等四性食物，對於不想服用西藥改善症狀的家長，可以嘗試改變孩子飲食習慣，也藉由四性食物的調補增加五臟六腑的和諧度。

1. 個案／學生／孩子 行為問題描述

2. 此策略介入後之歷程記錄

3. 寫一段話給自己或個案／學生／孩子

F-5 穴道舒緩

（一）身體的情緒能量會瞬息變化，當高亢或不安的狀態出現時，可以選擇穴道舒緩的方式，讓緊繃的神經肌肉系統，慢慢紓解，中醫對於心理情緒有狀態，以「情志病」概稱，並有非常專業與實證的研究，可以幫助輔導者更了解個案。

（二）輔導者或家長可以使用自然精純的精油或溫水，用手指沾一些，在孩子的百會穴、勞宮穴與湧泉穴輕觸柔撫，另外內關、神門與太衝穴也以同一方法輕按，每天保養這些穴道，提高個案情緒彈性，以應付多變的外在刺激情境。

1. 個案／學生／孩子 行為問題描述

2. 此策略介入後之歷程記錄

3. 寫一段話給自己或個案／學生／孩子

F-6 轉換感元認知

（一）視、聽、觸、味、嗅（眼耳鼻舌身意）等多元感官，能讓我們與外在世界產生連結，也影響內在心靈層次的認知，比如看到黑色時，大部分人會解讀為邪惡、沒希望與壞事；聞到臭味時，會感到噁心、想吐或頭暈；個案經歷挫折時，會悲傷與失意，這些都是人性正常心理認知，但可以藉由轉換感元認知，使其負面意像減少。

（二）筆者對於個案在描述負向行為事件過程，最後會請個案自由選擇「喜歡的色彩」，運用「內在心靈」為這事件塗上顏色，再請個案重新描述這事件，通常個案心情苦擔會減少，這是因為加入「喜歡的色彩」元素，讓個案在感元認知上不在完全拘泥於負面與失敗。

1. 個案／學生／孩子 行為問題描述

2. 此策略介入後之歷程記錄

3. 寫一段話給自己或個案／學生／孩子

F-7 地、水、火、風

（一）將大自然的力量運用於情緒療育是既省力又效益良好，現代人由於長期處於都市叢林或被 3C 產品綁架，身心極度缺乏和大自然連結，長久下來，情感與情緒鬱悶，不利於生命的正向發展。

（二）地的療育：打赤腳走在泥土或草地上，道家所謂的「接地氣」，可以為我們充滿正能量電力；水的療育：游泳與水上飄浮，可以讓體內神經更加平衡與放鬆；火的療育：每天曬曬太陽，除是天然的維生素 D，光明的力量能清掃情緒陰霾；風的療育：大海與深山的風，輕拂面容，療育力佳。讓孩子多接觸大自然與芬多精，使生命在動靜之間達到平衡和諧。

1.個案／學生／孩子 行為問題描述

2.此策略介入後之歷程記錄

3.寫一段話給自己或個案／學生／孩子

F-8 心法與祝福

（一）在輔導與教育個案的過程中，輔導者內在心理素質甚為重要，再好的教學方法，如果不能融入愛心、耐心與永不灰心等正向心念，效果將會大打折扣，因為我們面對的孩子通常「心靈敏感度極高」，我們用「怎樣的心」陪伴相處，孩子也會用「怎樣的心」回饋。

（二）祝福心語：雖然孩子的情緒和行為問題會時時給我們考驗，使我們抓狂，但此時我們可以在心中默念「我接納……、我臣服……、我感受……、我感恩……、我祝福……」，先穩定自己的狀態，孩子也會慢慢轉變與更成熟。

1. 個案／學生／孩子 行為問題描述

2. 此策略介入後之歷程記錄

3. 寫一段話給自己或個案／學生／孩子

國家圖書館出版品預行編目資料

全相式情緒行為輔導策略卡／孫佳銘著.　一初
版.--臺中市：白象文化，2020.01
　　面；　公分
　ISBN 978-986-358-908-2（平裝）

1.情緒教育

521.18　　　　　　　　　　　108017358

全相式情緒行為輔導策略卡

作　　者	孫佳銘
校　　對	孫佳銘
專案主編	林榮威
卡面設計	張紫瑄
出版編印	吳適意、林榮威、林孟侃、陳逸儒、黃麗穎
設計創意	張禮南、何佳諠
經銷推廣	李莉吟、莊博亞、劉育姍、李如玉
經紀企劃	張輝潭、洪怡欣、徐錦淳、黃姿虹
營運管理	林金郎、曾千熏
發 行 人	張輝潭
出版發行	白象文化事業有限公司
	412台中市大里區科技路1號8樓之2（台中軟體園區）
	出版專線：（04）2496-5995　　傳真：（04）2496-9901
	401台中市東區和平街228巷44號（經銷部）
	購書專線：（04）2220-8589　　傳真：（04）2220-8505
印　　刷	基盛印刷工場
初版一刷	2020 年 1 月
定　　價	500 元

白象文化　印書小舖　出版 · 經銷 · 宣傳 · 設計
www.ElephantWhite.com.tw　f 自費出版的領導者　購書 白象文化生活館